JN418005

詩가 있는 페치카

김형애 시집

月刊文學 출판부

| 책머리에 |

칼바람과 함께 많은 눈을 뿌렸던 지난 겨울, 나목(裸木)은 고통(苦痛) 속에서도 꿈을 품어 봄을 맞이하고 꽃을 피운다.

나의 삶 속에도 나목(裸木)의 추위와 고통(苦痛)이 있었으나, 가슴 속에 불타오르는 페치카로 인하여 어두운 터널을 지나 햇빛 쏟아지는 창공(蒼空)에 한 조각 흰 구름으로 떠서 흘러간다.

시작(詩作)을 놓지 않고 계속하게 하여 이 시집, 『詩가 있는 페치카』를 상재(上梓)하게 하신 하나님께 먼저 감사드립니다.

또한 시집이 출판되기까지 도움을 주시며 시집 평설까지 애정으로 써 주신 이성교 교수님께 진심으로 고마움을 전합니다.

늘 곁에서 지켜봐 준 가족들과 편집을 위하여 애써 주신 월간문학 출판부에도 감사드립니다.

2013년 5월 1일

靑梅 김형애

차례

책머리에 003

수련 010
시므온과 안나처럼 012
엠마오로 가는 제자처럼 013
새 예루살렘을 향하여 014
돌아온 탕자 015
꺼져 가는 등불 016
하나님의 슬픔 017
엘림에 머물게 하소서 018
풍성한 꼴을 먹인 목자 019
빈 마음 되게 하소서 020
담임목사님께 022
강둑에 서서 024
고도(孤島) 025
골목 026
구름 027
그대는 어디에 028
아침 산책길 029
나의 비 030

나의 슬픔 031
넌 032
눈이고 싶어라 033
달빛 034
당신의 눈망울 035
당신은 가고 036
당신은 타인 038
동독의 간이역 040
뒷모습 041
목울음 042
별빛 바다 043
방황(彷徨)하던 님이여 044
붉은 물살 046
아들을 위한 기도 048
새 한 마리의 절규(絶叫) 050
빗속의 비가(悲歌) 052
가는 세월 053
봄바람 054
입추(立秋)의 밤 055
알프스 계곡의 종소리 056

영혼의 주름 057
연꽃과 고추잠자리 058
조각배 059
음악이 흐르는 오후 060
개망초 061
찻잔에 떠 있는 너 062
작은 산새가 몰고 온 봄 064
기다림 065
전사(戰死)한 6·25 영웅 유해 066
검은 아우성 069
조국의 아들들아! 070
하얀 밤 075
비금도 시금치 076
침묵 077
초승달 078
화이트 크리스마스 079
하얀 얼음조각 080
은혜 082
사랑하는 손자, 준희와 도경이에게 084
나그네의 눈물 085

불법체류자의 고통 086
터널 088
나의 당신, 주님 090
구절초 꽃잎 향 091
달맞이꽃 092
나목(裸木)의 꿈 093
동백 094
아내 생일 095
가을 096
3만 년의 기다림 098
9월이 오면 100
하얀 들국화 길 101
기다리는 아버지 102
돌아온 산새 104
바람의 둥지 106
알링턴 국립묘지 107
텅 빈 몽마르트 언덕 108

| 작품해설 |
생활의 밝은 시(詩), 알찬 표현의 시(詩) | 이성교 112

김형애 시집

詩가 있는 페치카

수련

흙이 싫어
물 속에서 피는 수련

그 하얀 꽃잎은
뭍에서 잡을 수도 없구나

물방울도 스며들지 못하는 너의 꽃잎
꽃말대로 '청순한 마음' 뿐.

시므온과 안나처럼

정의롭고 경건하여
늘 성령 안에 있어
아기 예수, 메시아를
기다린 시므온

성전을 떠나지 아니하고
금식하며 기도하며
아기 예수, 메시아를
기다린 안나

하나님의 약속대로
아기 예수, 메시아를 만나
하나님께 찬양하며, 감사한
시므온과 안나

시므온과 안나처럼
주님 약속 믿고, 성령 안에 있어
인내로 기다려 예수 만나
하나님께 감사하며 찬송하게 하소서.

엠마오로 가는 제자처럼

엠마오로 가는 두 제자처럼
나는 살았네
예수님이 함께하시며
성경 말씀 들려 주셔도
난 그가 예수님인 줄 몰랐네

십자가에 못박힌 예수님 모습만
가슴에 안고 절망하며 갔네

예수님, 두 제자의 곁을 떠난 후에야
그들은 그가 예수님인 것을 알았네
그들처럼 나도 곁에 계시던 예수님 몰랐네
수많은 고통 가운데 함께하시던 예수님!
죽음에서 부활하시어
희망과 환희를 안겨 주신 예수님
나, 이제야 예수님 보며
두려움 없이 험준한 산령(山嶺) 넘네.

새 예루살렘을 향하여

불빛 찬란한 밤바다에서
육체를 허물고 비틀거린다

푸른 창공은 머리 위에 펼쳐졌으나
암흑의 시간에 갇혀 있다

잠깐, 잠시 머물다 가는 세상
영혼까지 빼앗겨서야

새 하늘 새 땅 바라보며
거룩한 성 새 예루살렘을 찾으련다

알파요 오메가요
처음과 나중이라 하신
하나님의 나라에 영원히 거하리라

새 예루살렘 성문들은 낮에도 닫지 아니하리니
거기는 밤이 없음이라 하셨노라.

돌아온 탕자

—화가 렘브란트의 〈돌아온 탕자〉를 보고

아버지를 떠나
멀리멀리 멀어져 갔던 아들

아버지에게서 모든 것 가지고
잘 살 수 있으리라는 희망
푸른 꿈 가지고 이 세상 바다로 향했네

그러나,
아버지가 주신 것 다 잃고
먹을 것 없어 주염 열매를 주워 먹으며
아버지의 풍요한 품을 생각하였네

가자 가자 아버지께로
아버지에게 가서 종노릇이라도 하여
배불리 먹어 보자
어느 날 그는 아버지께로 염치없이 돌아왔다

한시도 아들을 잊지 않고 기다리던 아버지
그는 돌아온 탕자를 맹인의 눈으로 보고
사랑의 손으로 어루만지며
아들의 뺨에 키스하네
오! 사랑하는 내 아들아!

꺼져 가는 등불

꺼질 듯 꺼질 듯
등불이 희미한 빛을
붙들고 있다

검은 그을음을 뿜어 낸다

알키한 냄새도 뿜고 있다

등불 앞에 다가오신 주님
심지를 돋우고
기름을 부어
등불을 살리셨네

주님의 손길에서 빛을 회복한 등불.

하나님의 슬픔

잿빛 하늘에서 한없이 쏟아지는 비
이는 하나님의 슬픔이어라

빗물에 맞아 신음하는 모든 나뭇잎들
그들은 하나님의 아픔이어라

폭포수 같은 물줄기가 대지 위에 쏟아진다
이는 하나님의 큰 고통이어라.

엘림에 머물게 하소서

홍해를 갈라 마른 땅이 되게 하신 여호와여!
물이 좌우 벽이 되게 하시어
이스라엘 백성을 걷게 하신 여호와여!

허나 마라에 도착한 백성은 쓴물을 보고
하나님을 다시 원망하였지요
그러나 그들의 갈증을 헤아리신 주님!
그 쓴물을 달게 하시어 마시게 하시고
샘물이 열둘이나 있고
팜트리가 칠십 주나 있는 곳, 엘림에
이르게 하시어 장막을 치게 하신 여호와여!
그 한없는 사랑과 진실과 성실에 감사합니다

나의 여호와여!
마라를 지나 엘림에 이르게 하소서
그곳에 나의 장막을 치고
하나님의 사랑, 진실, 성실을 찬양하게 하소서.

풍성한 꼴을 먹인 목자

—2012년 11월 11일 이용남 목사님 퇴임식에서

어두움에 휩싸여 비틀거리던 영혼들
십자가 불빛 따라 힘없는 발걸음 옮길 때

그 영혼들 품고 손잡아
하나님 말씀 속에 포근히 안기게 하신 목자여!

은혜의 강가로 인도하사
주님의 꼴을 풍성히 먹이신 목자, 그대여!

28년간 장석을 하나님과 함께 눈동자와 같이 지켜
지금 이 자리까지 오게 하신 그대여!

전하신 말씀의 꼴을 먹고 자란 우리, 장석의 성도들
그대의 떠남이 우리 가슴을 펑 뚫리게 하나이다

그 공허함을 어찌 이 자리에서 표현할 수 있으리오
우리 장석의 성도들은 이제 이별을 준비하면서
그대가 먹여 준 꼴을 되새김질하며
영원한 길을 향하여 가나이다.

빈 마음 되게 하소서

어두움 속에서 당신을 찾습니다
발걸음에 돌부리가 걸립니다
넘어질 뻔하면서 다시 몸을 고쳐 세웁니다

세찬 바람 불어와
가슴 속에 휭휭 감깁니다
어지러운 머리 위에
흰 눈발이 날리며 쌓입니다

주님! 빛을 주소서!
그 빛을 따라 가겠나이다
이 세상 것들 훨훨 털어 버리게 하소서
가벼워지게 하소서
빈 마음 되게 하소서

사랑도 미움도 하나 되게 하시어,
당신을 따라 가게 하소서
주님! 당신의 것으로 이 찢겨진 공간을 채워 주소서

당신의 포근한 손길로 감싸시어

혹독한 겨울을 지나가게 하소서
오늘도 당신만을 바라봅니다
저의 눈물을 닦으시며, "나, 여기 있노라"
말씀하소서

빈 손으로 갑니다
빈 마음으로 당신께 향합니다
우주를 창조하신 전능하신 당신이시여!
딸이라 불러 주심을 감사합니다

당신이 만드신 저 넘실거리는 푸른 바다 속에
나를 띄워 봅니다
멀리멀리 흘러 가렵니다
아버지의 손이 닿는 곳으로.

담임목사님께

——장석교회 권사 수련회에서

별빛 쏟아지는
어둠 속에서
주님 빛 바라보며,
영혼 구원을 꿈꾸는 당신이여!

회색 구름 사이로
붉게 빛 발산하는
하늘 바라보며,
하늘 꿈 펴는 당신이여!

당신은 푸른 초장의 외로운 사슴!
주님 기다리는 당신의 목은
길게 빠져 나왔다
가끔 숲 속 바람과 계곡물이 그리워
달려가는 사슴!
하나님 음성을 들으려고
귀를 쫑긋거리며 멈칫하기도 한다

오늘도 외롭게 긴 목 뽑아
하늘 향하여 외치는 소리!

무지개 사다리 타고 올라
하나님 귓가에 머문다

이 아름다운 동산을
영원히 지키시어
백향목의 향기가
넘치게 하여 주옵소서
당신은 장석동산의 외로운 사슴입니다.

강둑에 서서

강둑에 서서
수평선에 걸려 있는 붉은 해거름을 바라본다

낮 동안 종종거리며 노닐던 새들은
느티나무 위로 올라가 날개를 접은 채 잎 속에 몸을 감춘다

흐르는 강물은 어두움이 오기 전에 달리려 한다
강둑에 피어 있는 하얀 갈대 숲
한 줄기 바람에 휘청거리며 한쪽으로 쏠려 '쓰윽~ 쓰윽~'
신음을 토한다

강둑에 서서
잠깐 뒤돌아본 사이
나와 강물은 어둠에 갇혔다.

고도(孤島)

어두움이 짙은 곳에서 그는 기지개를 펴 본다
캄캄한 밖은 별빛도 찾을 수 없다
눈을 꿈벅거려 보지만 물체가 보이지 않는다

태양은 치솟아
눈부신 햇살 나뭇가지 위에 내려앉고,
검은 흙에도 햇살이 섞여 빛을 발한다
산새 한 마리 새벽을 깨우며 창공을 가른다

고도(孤島)! 망망대해(茫茫大海)에 외롭게, 힘겹게 솟아 있는 바위섬
세찬 파도와 수많은 세월을 겨루었고,
수면 아래로 내려앉아 사라지는 양 하더니,
다시 올라 숨을 몰아쉬고 혼(魂)을 찾은 너!
검게 탄 가슴, 수면(水面) 위에 내어놓고 오늘도 식히는구나

갈매기 기럭기럭 휘젓고 지날 때,
파도 소리 빌려서 불러 보지만
먼 곳을 향하여 멀어져만 가는 갈매기
한(恨)을 풀지 못해 검게 탄 너
찾아 줄 이를 위하여 오늘도 쓸고 닦는 너, 고도(孤島)여!

골목

창공을 바라보며
신작로를 걷는다

회색 구름 둥둥 떠도는 어느 날
작은 길로 들어서 서성거린다

희미한 가로수 불빛 졸고 있을 때
나는 어느새 골목으로 들어섰다

회오리바람 한 자락
나를 감싸안고 허공으로 향한다.

구름

회색 구름이 바쁘게 흘러간다
앞에서 바삐 흘러 가는 친구 따라
어디로 가는지도 모르는 채

키 큰 나뭇가지가 구름자락을 잡으려고
긴 손 뻗쳐 흔들거리며 쫓는다
길 잃은 산새 한 마리
흩어져 떨어진 구름조각 위를 맴돈다

구름아! 잠시 쉬어 가거라
여기 오월의 장미가 붉은 가슴 펼치고
너를 기다리고 있지 않은가

구름아! 너를 향한 꽃의 향기에
잠시 적시거라 취하거라
구름아.

그대는 어디에

소슬한 바람 불어와
뺨을 스치고 떠난다

세상이 잠들어 고요한 밤
달빛은 나의 창가에서
세레나데 부르네

그대는 지금 어디에 있는가?
나를 스친 바람인가
창가에서 서성이는 달빛인가

샛별 반짝이는 시간
부드러운 음성으로
나의 귓가에 잠시 머물다가 가오.

아침 산책길

청자빛 창공에 하얀 보름달
붉은색, 노란색, 짙은 갈색, 엷은 갈색의 나뭇잎들
한 줄기 바람에 땅을 향하여 비행한다

산 속 오솔길 올라가려는데
다람쥐 한 마리 길을 안내한다
뒤쫓아가며 돌아보는 다람쥐와 눈맞춤한다

떨어진 낙엽을 카펫인 양 밟는데
산새 한 마리 노래로 인사하며 날아오른다

좁은 계곡을 졸졸 흐르는 물
내 마음의 먼지를 쓸어 안고 간다.

나의 비

나의 빗속엔
그리움이 있다

나의 빗속엔
기다림이 있다

퇴색한 아름다움을
나의 비는 가슴 속에 펼친다

먼 이국 땅 하이델베르크
고성을 휘감은 먹구름 속에서 내리는
나의 빗방울은
그대의 음성인 듯
후드득후드득
나의 창가에 떨어지며 맴돈다.

나의 슬픔

나의 가슴엔 두 샘이 있다

진실을 퍼내는 샘과
거짓을 퍼내는 샘이 있다

진실만을 퍼내는
샘만 있으면 좋으련만,
거짓을 퍼내는
또다른 샘 때문에
나의 슬픔은 나를 놓지 않는다.

넌

넌,
나에겐 아픔이다

넌,
나에겐 어둠이다

넌,
나에겐 슬픔이다
그러나

넌,
찰나의 환희(歡喜)요 무지개이다.

눈이고 싶어라

잔잔한 호수 위에 살포시 내리는 눈이고 싶어라
고즈넉한 숲 속에 말없이 내리는 눈이고 싶어라
사람들 잠든 어두움 속에 평화롭게 내리는 눈이고 싶어라

뜨거운 사막에서 지쳐 있는 선인장을 위하여
찬 몸으로 내리는 눈이고 싶어라
전쟁터에서 지친 병사가 쉬고 있을 때
그의 귀향을 꿈꾸게 할 수 있는 눈이고 싶어라
선교사가 이방인들의 영혼을 위하여
그의 몸이 쇠하여 갈 때
주님의 긍휼로 내리는 하얀 눈이고 싶어라

태평양, 대서양, 인도양, 북극해, 남극해
그 모든 곳에 평화로 내리는 눈이고 싶어라
아프리카, 아프가니스탄, 이란, 이라크, 북한에서
억눌린 삶을 펼 수 있는 함박눈이고 싶어라.

달빛

눈 같이 하얀 달빛
칠흑 같은 어둠을 몰아내고
파리한 모습으로 뜨거운 가슴을 식힌다

창가에 스며드는 창백한 달빛
지난 세월 가져다가
침상 위에 펼치고 긴 이야기 풀어낸다

눈 같이 하얀 달빛
나의 영혼과 짝하여
백합 향기 흐드러진 호젓한 들길로 향한다.

당신의 눈망울

사슴의 눈망울을 닮은 당신이여!
영혼(靈魂)의 소리가 그 눈빛에 어려 있네
맑고 투명(透明)한 눈망울!
어찌 다 표현(表現)할 수 있으리오

주님 닮아 선한 당신이여!
오늘도 놓칠세라, 그를 좇아 달려가는
당신의 발자국을 봅니다

나목(裸木) 위에서 떨고 있는 산새 한 마리,
당신의 눈길이 닿을 테지요.

당신은 가고

—고 이완호 님의 영안실에서

흐려지는 눈빛으로
나의 얼굴 더듬고
힘없이 눈 감고 떠나간 당신

40년 세월 까맣게 잊고
동장군 몸에 얹혀 먼 길 향한
당신은 냉정한 사람

오는 봄을 맞이하자고
귓속에 나의 말을 집어넣어도
꿈적하지 않은 당신

이 겨울 지나고
개나리, 진달래 흐드러지게 필 때
사랑하는 사람들 꿈을 펴나르는데
나는 안개에 갇힌 메마른 나목(裸木)

이왕 떠난 길이니
편히 가시오 나의 눈물이랑 기억 마시오
아비 찾는 자식들의 통곡도 듣지 마시오

뒤돌아보지 마시고
가벼운 마음으로 훨훨 날아
하늘나라에 안착하십시오.

당신은 타인

집으로 들어서는
당신은 타인
이방인처럼 스쳐 지나간다

새벽을 깨고 들어서는
당신은 타인
침상에서 눈을 감은 채
타인의 발자국 소리를 듣는다

칠흑 같은 어둠을 휘감고 오는
당신은 타인
펑 뚫린 가슴에
어둠을 밀어넣고 간다

내 앞에서 서성이는
당신은 타인
난 멀리서 나목(裸木)처럼
당신을 바라본다

어색한 공기가

타인인 당신을 맞이한다
난 그 공간의 끝에서 서성거린다

당신은 타인!
흘러간 시간 속에서
내가 당신이라 불렀던 그대
당신은 지금 타인.

동독의 간이역

독일의 통일 전이나 통일 후나
변함 없이 철길 옆에
우두커니 서 있는 간이역

벽은 떨어져 나갔고
창문의 유리는 깨진 채
바람에 덜커덩거린다

지붕 위엔 잡풀이 무성하고
인기척은 없다

떠도는 흰 구름만
그리움을 안은 채
간이역을 기웃거린다.

뒷모습

봄날 화창한 날
피어난 꽃처럼 아름다운 이여

그대의 꽃잎 속에
벌들이 파묻혀 '윙윙' 거리네

그대의 꽃잎 지는 날
흔적 없이 사라져
뒷모습 보고파
지나는 바람에게 그대를 묻노라.

목울음

자식을 잃은 어버이는
울음을 터트리지 못한다
목이 꽉 메어
울음은 돌덩이가 된다

사랑을 잃은 여인은
울음을 터트리지 못한다
목이 꽉 메어
울음은 피를 토한다

떨어진 꽃잎에 날아든 나비는
울음을 터트리지 못한다
더듬이 접고
몸 가루 뿌리며
목울음으로 소진한다.

별빛 바다

밤하늘
별빛 바다에 누워
찬란한 빛 속에 몸이 잠긴다

먼 그리움 따라
영혼은 옛 길을 찾아 떠난다

은하작교 놓여 있지만
보이지 않는 그대로다

밤하늘
별빛 바다에 누워
아름답게 수놓아진 시간을 펼친다.

방황(彷徨)하던 님이여

—빗물에 떨어진 벚꽃잎에 흰 나비 한 마리가 앉으려 함을 보고

찬 바람 스러지던 날,
따뜻한 손길 잡아
얼었던 내 몸 녹이고
분홍색 분단장 하였노라

파아란 하늘 바라보며
님의 발길 찾았건만,
그제도, 어제도, 님은 보이지 않더이다

오늘 내린 빗발에
쇠잔한 나의 몸은 찢어져,
이렇게 흐느끼고 있소이다

빗소리 멀어지고
한 줄기 햇살이
나의 상처 난 몸을 품을 때,
님은 어디에 계시온지?

아~ 아~
나의 호흡이 진(盡)하려는데,

님의 날개가 살포시 닿소이다
님은 어디서 방황(彷徨)하고 계셨나요.

붉은 물살

태양은 바다 위로 솟아올랐고
태양빛은 바다 수면에
붉은 물살로 넘실거리며 반짝인다

구름 한 점 없는 푸르른 창공
그 아래 바다도 푸르름으로
수평선 저 끝까지 펼쳐져 있다

태양이여!
오늘은 바다에만 머물러 주오
이 땅이 열병에 걸려 비틀거린다오

태양이여!
오늘은 구름 속에 몸을 감추어 주시오
그리고 빗줄기 세차게 만들어
고열에 시달리는 이 땅에 퍼부어 주시오
모든 생물은 나체로 빗줄기를 맞으오리다

태양이여!
당신의 붉은 빛살에 겁이 나더이다

붉은 물살도 겁을 주나이다
당신의 뜨거운 몸체를
잠시 식힐 수는 없을까요?

북극해 얼음 바다로 육신을 보내고픈
이 여름날들, 나날들이여!
북극의 얼음 위를 어슬렁거리는
북극곰이 되고파라.

아들을 위한 기도

—2009년 5월 9일 아들 생일에

꽃보다 더 아름다운 연갈색 잎들이
나뭇가지에 옷을 입혀 나풀거리고 있다
그 잎들을 헤집고 다니며
산새들이 5월을 노래한다

화려한 장미꽃들이 새콤한 향기를 뿜으며
벌과 나비를 유혹한다
그 아름다운 꽃 속에 더욱 아름다운 모습이 보인다
활짝 웃으며 이를 드러낸 아들의 모습이 아닌가!

태양이 눈부신 아침!
엄마의 자궁문을 두드리며 발버둥치던 너!
한나절을 그렇게 요동치더니
힘이 들었는지! 태양빛이 가장 강열하게 비치던 때!
그 도움으로 새까만 머리를 양수에 적신 채
우람한 울음소리로 세상에 온 너!

그때가 엊그제 같은데
벌써 불혹의 나이 40이 되다니……

허나 지금 나는 감사한다
오늘까지 너를 축복하시고 보호하시며 인도하신 하나님께

은혜가 많으신 하나님!
야베스의 기도처럼 복에 복을 더하사 아들의 지경을 넓히시고
주의 손을 펴사 모든 환난과 고난에서 벗어나게 하시옵소서
건강하고 평안하게 하소서.

새 한 마리의 절규(絶叫)

어둠에 쌓인 허공에
새 한 마리의 절규가 진동한다
새벽 3시
새끼를 잃었나
짝을 잃었나

새의 애통하는 울음소리에
잠들었던 나무도 흔들거리고
허공은 몸을 찢어
굵은 빗방울을 쏟는다

새의 절규가 더욱 거세진다
애절한 비애(悲哀)가
천지(天地)를 덮는다

하늘도 애통하며
빗물 속에 천둥 치고
공간을 흐르던 기류도
거센 바람 되어
세상은 온통 처절한 절규(絶叫)

새야!

날이 밝고 있으니

너의 검은 가슴에

햇살을 넣어 어둠을 걷히게 하거라.

빗속의 비가(悲歌)

주룩주룩 까만 하늘은 검은 심장을 쏟는다

어둠 속 새 한 마리
빗물에 흠뻑 젖은 채
나의 창가에 비가(悲歌)를 보낸다

숱한 세월 기다림을
비가(悲歌)로 토(吐)한다

주룩주룩 나의 온몸에 빗줄기가 퍼붓고 있다.

가는 세월

가네! 가네!
헌 년, 2010년이 가네!

오네! 오네!
새 년, 2011년이 오네!

가는 년 못 말리고,
오는 년 막지 못하네!

지워지는 발자국 바라보며,
허허로운 가슴엔
찬 바람 한 줄기 휘감긴다.

봄바람

얼어붙은 땅과 나목(裸木)의 굳은 살을
봄바람은 그의 입김으로 녹이고 있다

굳은 땅은 봄바람의 하얀 입김에
굳은 살을 펴며 움칠한다

나목(裸木)은 봄바람의 연분홍 입김에
메마른 목을 축인다

봄바람은 대지에도 나목(裸木)에도
호흡을 불어넣고
한들한들 춤을 춘다

종달새 한 마리 하늘 높이 날며
봄바람과 열애에 빠져 있다

꿈틀거리는 대지는
봄바람이 내려오기를 기다린다
함께 뜨거운 침상을 만들고자

굳어진 피부 벗기며 나목(裸木)은
봄바람이 내려오기를 기다린다
연한 살로 입맞춤 하고파서.

입추(立秋)의 밤

이글거리는 태양이
대지 위의 생물을 태우고 있다

도시의 아스팔트는
녹아 내리고 있다
텅 빈 도시에 그의 신음이 까맣게 깔리고 있다

푸른 파도야!
숨가쁘게 달려간 도시인들을
하얗게 끌어안으려무나

뜨거운 열기가 잠자리를 휘감아
내 몸에 불을 지펴
이리 뒤척 저리 뒤척 할 때에,

약하게 들려오는 '귀뚤~ 귀뚤~'
귀뚜라미의 가을 노래
그 노래에 몸과 마음이 서늘해진다
시원한 바람 한 줄기
나를 휘감고 창백한 달빛 속에 머문다.

알프스 계곡의 종 소리

낮에 보이던 검푸른 알프스 산맥은
태양을 숨긴 채 어두움에 묻혀 있다

만년설 녹아 계곡에 물 소리 되어
검은 시간을 깨우며 흐른다

알프스 산맥을 언덕삼아
베네딕트 수녀원은 조용히 숨어 있다

아직 어두움이 깔려 있는데,
영혼을 깨우는 종 소리가
알프스 계곡에 메아리친다

105세의 수녀원장은
수녀원 창문을 열고
알프스 산맥의 메아리를 듣는다.

영혼의 주름

가랑비 받아
영혼의 주름에 뿌린다

뜨거운 햇살 받아
젖은 영혼의 주름을 편다

푸르름 찾아
주름 없는 영혼은
높이높이 날아오른다.

연꽃과 고추잠자리

—간송미술관에서 김홍도(金弘道)의 〈하화청정(荷花蜻廷)〉을 보고

연(荷)은 흙탕물에 뿌리 내리고,
맑은 공기 마시며,
빛나는 햇살 잡아
실하게 자랐다

어느 날 연꽃은 분홍빛 가슴을 펼치고,
진녹색 잎에 오랜 꿈을 색칠한다

연꽃의 분홍빛 가슴을 바라보고,
빠알간 고추잠자리와 푸른 잠자리 한 쌍
날개 마주 펴고 한 몸 되어 팔딱인다

꽃잎은 바람에 실려 떠나고,
그 빈 자리엔 까만 홀(hole), 홀이 생겨
흐르는 시간을 조각한다

진녹색 잎! 잎을 찢어 녹색을 버리고,
갈색, 갈색으로 점점 물들어 간다.

조각배

—간송미술관에서 김홍도(金弘道)의 〈편주도해(片舟渡海)〉를 보고

푸른 망망대해(茫茫大海)에
조각배 한 척
파도더미를 노젓는다

바다 속에 발 딛고
하늘 향하여 치솟아 있는
기암절벽(奇巖絶壁) 사이
어찌 빠져 나왔는지

푸르른 하늘과 맞닿은
저 멀리 수평선(水平線) 향하여
조각배는 가물가물 멀어져 가네.

음악이 흐르는 오후

바람은 나뭇잎과 한들한들

노랑나비 한 쌍
노란 오이꽃 위에서
팔랑팔랑 날갯짓

달콤한 음률은
감나무 그늘 아래로
흘러 넓게 퍼진다

푸른 하늘 아래
진녹색 잔디
한가로운 시간
평화롭게 흘러간다.

개망초

산등성이로 올라가는 길목에
낙엽이 몰려와 쌓였다

뚱딴지, 원추리, 맥문동, 자주달개비, 쪽, 엉컹퀴들이
개망초와 함께하였으나
그들은 개망초의 곁을 떠난 지 오래 되었다

낙엽에 깔린 누런 풀잎 속에서
개망초의 줄기만 녹색을 띠고
가늘고 끝이 뾰족한 하얀 꽃잎을 이고 있다
지난 봄부터 여름까지 줄기차게 피어올랐던 꽃잎
어느 날부터인가 꽃잎을 접고 줄기만 서 있더니
겨울의 길목에서 눈발을 그리며
하얗게 다시 피어오른 개망초 꽃잎

잎과 줄기에 잔털을 가지고
하얗게 피어오른 꽃잎을 본다
파아란 하늘에 흘러가던 조각구름도
가던 길 멈추고 개망초 꽃잎에 얹혀 있다.

찻잔에 떠 있는 너

10월의 마지막 토요일
새벽부터 내린 비에 국화꽃은
꽃잎을 적신 채 고개를 떨구고
빗물을 털어낸다

네가 온기를 나의 방에 남기고
떠난 지 3주가 지나는구나
네가 있는 곳엔 늘 찻잔이 있었지
녹차의 향이 나의 방에 그윽해질 때
우리는 옛 어린 시절의 타래를 풀었지

형이야!
비가 주룩주룩 내리는
10월의 마지막 토요일 오후
나는 녹차가 담긴 찻잔을 들고
그 위에 떠 있는 너를 본다

커피의 향이 아닌
녹차의 은은한 향처럼,
연녹색 빛깔처럼 살아온 너

차를 한 모금 마시면서
너의 웃음소리를 듣는다.
찻잔을 양 손에 보듬어 안고서
찻잔 속에 떠 있는 너의 얼굴을 본다.

작은 산새가 몰고 온 봄

삐치 삐치 삐치～～ 삐～
삐치 삐치 삐치～～ 삐～

나목(裸木) 꼭대기에 앉아
낭랑하게 목청을 높여 노래한다
겨울의 끝자락을 가냘픈 몸으로 몰아내고
입에 물고 온 봄을 토(吐)한다

삐치 삐치 삐치～～ 삐～
삐치 삐치 삐치～～ 삐～

정원의 벌거벗은 나무들과 돌들이
쫑긋쫑긋거린다
어딘가에서 불어온 바람 한 자락
그들의 몸을 더듬고 스쳐 간다

작은 산새는 마을로 내려와
봄을 알리고 훌쩍 날아간다, 그의 둥지로

삐치 삐치 삐치～～ 삐～

기다림

바람에 뒹구는 낙엽 소리에
너는 숨어 있구나

따가운 태양빛 아래
얼굴 그을리며 찾는 너
해거름에 함께 지누나

빈 가슴에
애수(哀愁)로 출렁이는 너!
그대는 언제 썰물 되어 빠지려나!

전사(戰死)한 6·25 영웅 유해

1950년 6월 25일 북한은
조용히 잠들어 있던 남한에
대포와 총탄을 터트리며 화염에 싸이게 하였다

놀란 남한에서는 준비 없는 전쟁에 임하였다
조국을 위하여 젊은이들은 총대를 걸머지고
화염 속으로 돌진하였다

남침으로 인한 전쟁은 북한을 돕는 중국, 소련,
남한을 돕는 미국을 비롯한 연합군의 전쟁으로 확대

헤아릴 수 없는 수많은 생명
그들의 피로 조국, 한국을 찾았다

북한 지역에서 발굴된 국군전사자 12구
우리 나라 공군 특별수송기에 실려
2012년 5월 25일, 62년 만에 조국의 품에 안겼다
유해발굴감식단장인 박신한 대령, 김종성 중령, 이도환 소령,
전철규 상사, 권재우 상사는 서울공항에서
눈물로 그들이 누워 있는 오동나무관을 내렸다

온 국민도 아픔의 눈물로 그들을 맞이하였다

북한 땅 어둠 속에서 그들은
반세기, 50년 동안 묻혀 있었다
미국 하와이에 있는 합동전쟁포로실종자사령부(JPAC)에
비닐 백에서 그들은 10여 년을 기다렸다
그들이 아시아계 한국군으로 추정된다는 통보를 받았고,
2011년 11월 한국은 이를 확인하였다
카투사 출신 국군 전사자 유해 12구!
괌에서 관을 덮은 유엔기를 태극기로 바꿔 예우
손톱 두 마디만큼의 뼛조각을 떼어와
1만 9000여 개의 유가족 DNA와 대조
고 김용수 일병, 고 이갑수 일병의 신원을 밝혔다

하와이에서 서울 공항에 올 때까지 49시간 동안
유해를 떠난 적이 없는 전철규, 권재우 상사
국방부 유해발굴감식단 5인은
62년 만에 귀향(歸鄕)시켜 드림을
부끄럽고 죄송스럽다고 했다

유해를 한지에 싸서 옻칠한 오동나무 관에 넣었다
이 정성이 조국을 위하여 바친 당신들의 생명에
어찌 비할 바가 되리까

말없이 뼈로 돌아온 조국의 아들들이여!
당신들의 생명 바친 이 조국은
영원히 당신들을 잊지 않으리

당신들의 생명은 이 조국의 역사 속에
영원히, 영원히 살아 움직이리라
장하다! 대한의 아들, 전사(戰死)한 영웅들이여!

검은 아우성

어둠은 짙게 바다를 덮었다

바다는 어둠을 부둥켜안은 채
높은 파도를 일으켜 아우성친다

바다야! 말하거라
가슴에 묻힌 숱한 애환을

너의 몸부림치는 소리가
어두움을 진동하는구나!

모든 것
이 밤에 다 쏟거라
그리하여
내일은 떠오르는 태양과 함께
금빛 물살로 너울거리거라

오우! 사랑한다
너의 검은 아우성을.

조국의 아들들아!

조국의 아들들아!
"우리는 피 끓는 대한의 남아, 젊은 바다 사랑하여 여기 모였다 ……
우리 바다 넘보는 자 어느 누구도 부릅뜬 우리 눈을 죽일 수 없으리
우리는 자랑스런 천안함 용사!
싸우자 이기자 무적 천안함!"

너희의 우렁찬 '천안함 가(歌)'를 다시 듣고 싶다
씩씩하게 활보하는 모습도 보여 주렴!

이 나라의 자랑스러운 아들들아!
너희들의 꿈이 조국을 일으키고 있다
너희를 바라보며
국민들은 희망의 애드벌룬을 푸른 창공에 띄운다

오~ 오~ 사랑하는 아들들아!
너희를 조국은 끌어안고 싶다 입 맞추고 싶다
오는 길이 그리 멀더냐?

아~ 아~
너희가 왜 태극기에 덮여 있느냐?
왜 들것에 실려오느냐?
너희의 생명을 어디에 버리고 온단 말이냐?
안 된다 안 된다
생명을 다시 찾아 심장을 뛰게 하거라

일어나라! 일어나라!
조국의 아들들아!
이대로 너희를 못 보낸다
조국의 통곡을 너희는 듣느냐?
두 동강 난 한반도는 오늘도 전쟁 중이란 말이냐?
휴전이란 말은 어디에 쓰여 있단 말인가?

대통령도 울고, 온 국민도 울어
그 눈물이 빗물 되어 온종일 대지를 적시고 있다
이 통곡은 강이 되고 바다 되어
멀리멀리 오대양으로 흘러가리라
너희가 그토록 사랑하던 바다가 그리워

오우! 사랑하는 아들들아!
너희 영혼은 어디서 통곡하고 있느냐?
천안함 수병들이여!
772함!
스무 날 동안 마흔여섯 명의 우리 아들들을 끌어안고 있던 너!
너의 몸이 두 동강 나 너덜너덜 찢겨진 채,
그물에 덮혀 올라오던 날!
조국은 우리의 아들들을 찾고 있었다
처음으로 승조원 식당에서
서대호 하사, 방일만 하사, 이상준 하사, 이상민(88년생) 병장
뒤이어 기관부 침실에서
안동엽 상병, 탄약고에서 임재엽, 신선준 중사,
디젤 기관실에서 서승원 하사, 기관부 침실에서 다시 안경환 중사, 정종율 중사, 강준 중사, 박석원 중사, 조진영 하사, 이상희 병장, 이재민 병장, 이상민(89년생) 병장, 강현구 병장, 김선명 상병, 박정훈 상병, 나현민 일병, 장철희 이병, 유도행정실에서 차균석 하사, 중사 휴게실에서 문규석 상사,
기관 창고에서 조정규 하사, 승조원 화장실에서 김경수 중사, 최정환 중사, 민평기 중사, 손수민 하사, 심영빈 하사, 조지훈 일병,

후타실에서 김종헌 중사, 김동진 하사, 이용상 병장, 김선호 상병,
전기 창고에서 정범구 상병, 후부제독소에서 문영욱 하사

헌데, 보이지 않는 너희 친구들은 어디에 있느냐?
이창기 원사, 최한권 상사, 박경수 중사, 박보람 하사, 장진선 하사, 박성균 하사, 강태민 일병, 정태준 이병
아들들아! 돌아오라~ 돌아오라~

너희를 기다리는 남기훈 상사와 김태석 상사가 또 있지 않은가!
목숨 버려 너희를 구하려던 한주호 준위도 눈을 감지 못한단다

772함! 천안함이여!
너의 찢겨지고 구겨진, 처참한 모습에서
조국의 아들들의 최후를 통곡으로 바라본다

사랑하는 아들들아!
한반도는 너희의 주검으로 인하여 반드시 통일을 이루리라

조국의 아들들아!
너희 모두에게 이별의 입맞춤을 펑펑 쏟아지는 눈물로 한다
부디 저세상에서
조국의 아픔을 잊고 펼치지 못한 너희의 꿈을 펼치거라
조국의 아들들아!
영원히 우리는 너희를 잊지 않으리라! 영원히 사랑한다.

하얀 밤

잠 못 이루는 이 밤은
하얀 밤

검은 시간은 흐르지 않고
창백한 모습으로 누워
별빛을 더듬는다

잠 못 이루는 이 밤은
하얀 밤

캄캄한 바다 속에서
숨죽인 채 떠 있는 육체는
빛을 찾는 영혼을 보듬는다

잠 못 이루는 이 밤은
하얀 밤.

비금도 시금치

지난 가을 뿌려진 시금치 씨
긴 겨울 동안 추위와 싸우기 위하여
땅 위에 납작 엎드려 지냈다

모질게 불어 닥치는 바닷바람 불 때마다
언 흙에 얼굴 묻고 흑흑 흐느끼던 시금치

봄바람 살랑이는 흐름에
잎사귀는 짙은 녹색을 띠고

뿌리는 땅 속에서 무엇 때문에 수줍은지 붉게 물들어 갔다

도시의 아낙네들 이른 봄을 맞이하며
시장 좌판에 놓여 있는 시금치를 찾는다

잎이 긴 연녹색을 띤 시금치 옆에
짙은 녹색 비금도 시금치가 짧은 키에
붉은 뿌리를 보이며 토실한 잎을 자랑한다

아낙들은 비금도 시금치를 집어 들며 말한다
"시금치는 비금도 시금치가 단맛을 내더라."

침묵

캄캄한 사위(四圍)
엄청난 바윗돌의 무게에 짓눌린다

수많은 사연들
첩첩이 쌓여 숯덩어리로 탄 채

침묵만이 세월을
건져올린다.

초승달

새벽 밤하늘
별들이 졸고 있다

초승달
감나무 빈 가지에 걸려
갈 길 못 가고
얼굴만 창백하구나.

화이트 크리스마스

밤새도록
눈은 사그락사그락 내렸어요
온 세상은 새하얗게 되었어요

아기 예수님은
큰 별로 떴다가
말구유에 누워 엄마 마리아를 보아요

임마누엘, 예수님!
기쁨과 평화로 오신 아기 예수여!
이 시간 가자지역에도 평화를 내리소서

사랑의 예수님!
북한에도 임하소서 그들을 불쌍히 여기소서
분쟁의 모든 지역에 긍휼을 베푸소서

아기 예수님의 탄생을
화이트 크리스마스 캐럴로 찬양합니다
온 세상을 당신의 사랑으로 덮으소서
검은 세상을
온통 하얀 눈으로 씻어 내리소서.

하얀 얼음조각

한없이 펼쳐져 있는 장백산 숲 속 길
길가 자작나무의 꾸불꾸불한 나뭇가지들
녹색 바다를 이룬 수풀 수풀

파란 하늘의 햇살은 숲 속에서 숨바꼭질
차 안에 있는 나를 숲 속에 숨겨 두고
육체만 실어 달려간다

산등성이에 하얀 꽃, 연보라 꽃이 피어 펼쳐져 있다
꾸불꾸불한 산길을 돌아갈 때마다
사람들은 차 안에서 이리 몰리고
저리 몰리면서 함성을 터트린다

야아! 천지다! 천지!
푸르디 푸른 물 속에
파아란 하늘을 담았고
깎아지른 계곡을 물 속에 그림자로 품어
천지의 색은 푸르름에 검은 빛을 안았다

그 가운데 하얀 조각배, 얼음 조각이 떠 있다

나의 영혼은 달려가 그 위에 앉는다
장백산 정상이 아닌 백두산 정상의 천지에

수억 겁의 시간 속에 흐른 비애(悲哀)의 눈물은
흐르다 흐르다 못해 얼음이 되어
천지의 심장으로 하얗게 떠 있다

창공에 떠 있는 하얀 구름 한 조각
하얀 얼음 조각배를 타려고
허공(虛空)을 달려 내려온다

한민족의 얼이 담겨진 천지!
분화구로 불을 뿜어 분통을 터트리고
다하지 못한 아픔의 눈물로 천지를 만들고
그 위에 차디 찬 얼음 덩어리 띄워
남북한 민족의 한(恨)을 하얀 가슴으로 보이누나.

은혜

어두운 밤을 주시어
잠을 자게 하심은
당신의 은혜입니다

새벽에 눈을 뜨게 하시고
말씀을 묵상하게 하심은
당신의 은혜입니다

이 땅에 와 있는 이주 노동자의
눈물을 보고 함께 울게 하심은
당신의 은혜입니다

하얀 눈이 펄펄 내리는 것을 보며
세상을 정화(淨化)시키는
당신을 느끼게 함은
당신의 은혜입니다

지난 5월 화창한 날에
제22회 수필문학상을 수상하게 하심은
당신의 은혜입니다

온 자녀손들이
2012년을 무탈하게 지내게 하심은
당신의 은혜입니다

2012년 12월 31일 밤 11시 59분
까만 밤하늘에 반짝이는 별들을 바라보며
2013년을 나에게 허락하심을 감사함은
당신의 은혜입니다.

사랑하는 손자, 준희와 도경이에게

새해 새 빛으로 떠오르는 태양이 되거라
어둠을 헤치고 사위를 밝게 하는 태양

검은 땅을 덮는 하얀 눈이 되거라
사람들 가슴 속에 환희를 넣어 주는 눈

험한 준령을 날개쳐 오르는 독수리가 되거라
세상 어느 것도 범치 못하는 높은 창공에 뜬 독수리

어린 가슴 달래며 큰 꿈을 품은 준희야! 도경아!
멋지고 훌륭한 인물 되어
인간사에 영원히 너희들의 이름을 남기거라

낯선 나라, 잠자리에서
예수님 손 잡고 이 밤에도 고이 잠 자거라
나의 사랑하는 손자, 준희야! 도경아!

나그네의 눈물

하늘이 뚫린 듯
폭포수 같은 빗물이 쏟아지고 있다

길은 도랑이 되어 빗물이 흘러 가고 있다

나그네, 리또의 눈에서
흘러 내리는 눈물은 얼굴을 온통 적시고 있다

월급을 몇 달째 못 받은 억울함과
경찰에 불법체류자로 신고되어
수갑에 채인 채 출입국 관리소로 가고 있다

세상과 나그네는 온통 물바다이다.

불법체류자의 고통

골목을 두리번거리며
무거운 발걸음을 옮긴다

지난 밤에 풀지 못한 피로가
머리부터 발끝까지
연기처럼 감고 함께 간다

어두운 지하공장 흐릿한 형광등 아래
불법체류자, 이방인들이 먼지를 먹으며
섬유원단 뭉치를 풀어낸다

시다 일을 하는 엘카
재단을 하는 죠셉
그들은 하루 10시간을 서 있다

다림질하는 리또
미싱 앞에 앉아 계속 발을 구르는 애니

먼지가 그들의 온몸에 붙어
함께 지하 월세방으로 향한다

지하에서 지하로
어둠을 끌어안고 살아가는 그들

시장에서 먹을 것을 산다고 기웃거리다
갑자기 나타나는 단속반에 붙잡혀
수갑에 채워진 채 출입국관리소로 향하는 그들

절망의 눈에서는
뜨거운 눈물이 강물처럼 흐른다
가슴은 칼로 난도질하듯
찢어지고 피 흘러 무너져내린다

고향으로 가야 하는 것이
왜 그리 슬픔인지?

터널

제1 터널에 들어갔습니다
잠시 후 캄캄한 어둠은 사라지고
터널을 빠져 나와 빛을 보았습니다

제2 터널에 들어갔습니다
제1 터널보다 길었습니다
어둠은 더 짙고 빛을 보는 데 시간이 걸렸습니다

제3 터널에 들어갔습니다
제2 터널보다 더 길었습니다
검은 좌우 벽은 나를 향하여 달려와
달려 나가려는 나를 가로 막습니다

제5 터널에 들어갔습니다
지나온 제1, 제2, 제3, 제4 터널보다
더욱 길고 더욱 어둡고 습하였습니다

제7 터널에 들어왔습니다
그 길었던 터널이 짧아졌습니다
어둠과 끈적거리는 습기도 사라졌습니다

빛은 터널 입구부터 보입니다
마침내 모든 터널을 지나온 것 같습니다
청자빛 창공에 빛을 타고 꿈 한 조각 두둥실 떠 갑니다.

나의 당신, 주님

기쁨이 넘칠 때
당신을 바라보며 감사했습니다

슬픔이 밀려올 때
당신 품에 안겨 눈물을 흘렸습니다

환희(歡喜)와 고통(苦痛)의 여로(旅路)에서
당신은 늘 나와 함께 동행(同行)하셨지요

황량한 들판과 캄캄한 길에서도 동행(同行)하셨지요.

구절초 꽃잎 향

말린 뽕잎을 찻잔에 서너 개 넣었다
70도의 물을 서서히 찻잔에 붓는다
돌돌 말렸던 뽕잎은 몸을 펼치며 원형을 찾는다

연녹색 뽕잎차에 연보랏빛
구절초 꽃 한 송이 띄운다
700m 산 중턱에서 선들바람과
뺨 비비던 구절초
꽃잎은 엷어져 색을 잃고
보랏빛 향만 찻잔에 그윽하다.

달맞이꽃

달이 떠오르기를 기다리는 꽃
달빛이 보이기 시작할 때
꽃잎 하나둘 피기 시작하는 너

어두움 속에서 남몰래
달을 만나 사랑에 흠뻑 젖은 너
달빛에 너의 향기 서리서리 뿌리고

밤새도록 꽃잎 펼쳐 날갯짓하더니
새벽에는 진(盡)하여 꽃잎 접고
말없이 떠나는 달을 슬픔 속에 가두는구나.

나목(裸木)의 꿈

벌거벗은 앙상한 나무를
세차게 흔드는 겨울 바람
연약한 가지 부러지기도 하지만
나목(裸木)은 굳건히 서 있다

흙먼지 뒤집어쓰고
검은 얼룩져 있는 몸
피부는 벗겨지고 찢겨졌다

그러나
나목(裸木)은 몸 속 깊이 꿈을 간직하고 있다.

동백

잎을 펴고 꽃봉오리를 보듬어 안은 동백
영하 17도로 기온이 떨어지자
동상에 걸린 잎들은 돌돌 말렸다

오늘은 영상 3도란다
동백은 돌돌 말린 잎들을 쭉쭉 펴며 웃는다
잎들은 갈녹색을 짙은 녹색으로 칠하고 있다

머지않아 동백은 봉오리를 터트리며
혹독한 겨울을 이겨낸 붉은 열정을 보이리라.

아내 생일

아내를 위하여 장미꽃
다섯 송이를 품에 안았다

버스에서 꽃잎이 다칠세라
사람들을 피하며 구석을 찾는다

정류소마다 버스는 멈추고
사람들은 꾸역꾸역 밀려들어온다

가슴에 장미꽃이 눌릴까봐
어깨를 더욱 활짝 넓힌다
아무래도 내려야 되겠다

집까지는 다섯 정거장 남았지만
사내는 내려 걷기로 마음을 먹는다

가슴에 품었던 장미꽃을 왼손에 쥔다
아내를 생각하며 미소를 머금고
새콤한 향을 뿜고 있는 꽃잎에 입맞춤한다

아내 생일을 축하하는 장미꽃 다섯 송이.

가을

바람
낙엽
소요(逍遙)

먼 여행 길
그리움
물길 따라

무(無)
잉태(孕胎)
생명(生命).

3만 년의 기다림

시베리아 영구동토에 묻혀
3만 년을 기다렸다

이는 블룸버그의 열매였다

러시아 영구동토층 지하 38m
3만 2000년 된 다람쥐 굴 안에서
그 열매는 냉동 상태로
3만 년을 누워 있었다

연구진에 의하여 발견된
열매는 인공배양되어
하얀 다섯 개의 꽃잎을 피어 냈다

블룸버그여!
3만 년을 어찌 그리 곱게 기다렸는가!
그대의 네 송이 꽃은
순결한 천사의 날개 같도다

그대의 기다림으로

나 또한 어느 세대엔가 태어나고프다

블룸버그여!
나를 상처 내지 않고 곱게 지켜
냉동으로 간직할 수 있는 곳으로 옮기소서
그리하여 그대처럼
나의 첫 모습으로 꽃피게 하소서
3만 년이 아니라 3천 년, 아니 3백 년, 아니 3십 년 후라도 좋겠소.

9월이 오면

9월이 오면
흘러간 시간 되돌아와
가슴을 채색하며
그리움의 공간을 메운다

9월이 오면
파랗게 높아진 하늘에
외로운 구름 한 조각 떠돈다

9월이 오면
빠알갛게 물드는 낙엽 속에
퇴색된 날들을 넣어

귀뚜라미 '귀뚤, 귀뚤'
어두움을 쪼개며 울음을 토(吐)할 때
낙엽은 그 아래서 뒤척이리라.

하얀 들국화 길

드높은 파란 하늘에
뭉게구름 두둥실

떡갈나무 잎들은
갈색이 되어 마른 몸을
오솔길 위에 눕힌다

소나무의 뾰족한 잎들은
푸르름을 간직한 채
땅을 내려다본다

하얀 들국화 길에
연인 한 쌍 손을 꼭 잡고 걷는다
서로를 마주 쳐다보며
눈웃음을 나눈다

다람쥐 한 마리가 바스락거리며
마른 나뭇잎 속을 지나간다
산까치도 푸드득거리며
앉았던 나뭇가지에서
자리를 털고 산 속으로 숨는다

하얀 들국화 길
사랑의 흔적만을 기억하고 있다.

기다리는 아버지

긴긴 밤 지새며
대문 앞에서 서성이는 아버지

불빛 밝히며
아들의 모습을 찾는 아버지
귀를 골목길에 대어 놓고
아들의 음성을 들으려는 아버지

아들아!
너는 어디에 있느냐?
배는 고프지 않느냐?
이 애비의 얼굴은 기억하느냐?

봄이 지나 여름이 오고 간 후
가을이 오고 지나 겨울의 문턱에서
찬바람 칼바람에 아버지의 눈물은 얼음조각

아들아!
보고 싶다
나의 품에 안기는 날이 언제련가?

너를 사랑하고프다
아버지의 피멍 가슴을 너는 보지 말거라
흐르는 따듯한 숨결만 느끼거라

아들아!
어두운 밤, 달빛을 바라보며 너의 얼굴을 허공에 그린다
너에 대한 기억이 사라지기 전에
아버지의 삶이 다하기 전에 여기 너의 집에서 만나자꾸나.

돌아온 산새

2년 전 베라켄사스 나무에 둥지를 짓고
대여섯 마리의 새끼를 부화시킨 산새

둥지를 나온 새끼들이 5월의 햇살을 받으며
정원석에 남아 있는 물방울을 콕콕 찍고
잔디에서 무언가를 찾아 코를 박고 있었다
어미는 새끼들의 뒤를 쫓아다녔다

그렇게 잠시 정원에서 노닐던 새끼들과 어미는
훌쩍 날아 나뭇가지 위에 앉았다
흔들리는 나뭇가지 위에서 가냘픈 몸을 가누지 못한다
잔디로 내려오거라 하며 바라본다

자신들의 고향인 베라켄사스의 나무도
정원의 잔디도 잊은 채 새들은
후드득 가녀린 날갯짓을 하며
산 속으로 날아가 버렸다

그 후 작은 산새만 날아오면 살핀다
혹시 그 새끼와 어미가 아닌가 하고

2년이 흐른 오늘, 나는 그 귀여운 산새를
나의 정원에서 만났다
얼마나 보고 싶었는데!
살며시 다가가 가슴에 폭 끌어안고 싶다
그러나 날아갈까 봐 눈치를 살피며
정원 귀퉁이에서 통통거리며 뛰는 발자국만 바라본다.

바람의 둥지

지난 겨울 칼바람은 둥지에
꿈을 품고 휘몰아쳤다

꽃씨를 안고 불더니
매화의 향기를 보내왔다

산수유 노란 꽃도 보내어
햇살과 입맞춤하게 하며
찾아온 산새도 내치게 한다

바람의 둥지는
나의 꿈도 섬진강 따라 흐르게 한다.

알링턴 국립묘지

저무는 해가
알링턴 국립묘지를
황홀한 햇살로 덮는다

존 F. 케네디의 무덤 앞에는
분수처럼 불꽃이 튀어오르고 퍼진다

나와 그녀는 비석 사이를
거닐며 말이 없었다
그녀는 UN에서 근무하는 터키 여자
난 출장 중 이곳을 찾았다

어둠이 깔리기 직전
우리는 알링턴 국립묘지를 빠져 나왔다

"세상에서 가장 평화로운 곳,
알링턴 국립묘지"
나와 그녀가 함께 되뇐 말.

텅 빈 몽마르트 언덕

샹젤리제 거리의 따가운 햇살은
몽마르트 언덕엔 없다

언덕을 오르는 돌계단엔 관광객들이 앉아 있다
17세기 제분용 풍차였던 것, 풍물(風物)로 2대만 남아
관광객을 맞이한다

커피 향을 풍기던 몽마르트 언덕!
지금은 암모니아 냄새가 코를 찌른다

테르트르 광장은 초상화를 그리는
화가와 관광객이 어우러져 있다

2년 전 약속을 지키기 위하여
난 이곳에 왔다
허나, 친구는 먼 세상 사람

반 고흐를 좋아했던 그녀
반 고흐가 살던 집 앞에서 만나기로 한 약속
그녀의 음성만 가슴에 안은 채

반 고흐의 파란 대문을 향하여 홀로 걷는다

몽마르트 언덕에 많은 사람들이 서성거린다
그러나 텅 빈 몽마르트 언덕

검은 구름이 빗방울을 뿌리기 시작한다
빛바랜 시간을 쓸어 내리며 빗물은 흐른다.

| 작품 해설 |

생활의 밝은 시(詩), 알찬 표현의 시(詩)

생활의 밝은 시(詩), 알찬 표현의 시(詩)

이성교
(시인)

1. 오랜 시 수련에서 핀 꽃

그의 시를 읽고 나면 한 마디로 흐뭇하다. 시가 겉으로는 잘 짜였고 속으로는 그 세계가 알차기 때문이다. 우선 읽기 좋고, 읽고 나면 무언가 속이 환해 옴을 느낀다.

그가 여기까지 오게 됨에 그의 역사를 얘기하지 않을 수 없다. 그의 많은 생활 고백(수필)에서 말하고 있듯이 그는 한참 인성이 밝은 시절 여·중고 시절에 문학을 좋아하여 많은 작품을 읽고 나름대로 습작해 왔다고 한다. 그리하여 대학 진학도 영문과를 택하였던 것이다. 특히 대학 수업기엔 영국의 낭만주의 시인 바이런, 키츠, 셸리 등에 심취되어 한때 빠진 일도 있었다고 한다.

이러한 역사와 관련하여 대학 졸업 후에도 고등학교 교직에 임하는 한편 문학 공부를 계속 하였고, 그 결과로 문단에 등단하여 그의 이름을 처음 선보였다. 그는 처음부터 시와 수필 두 장르에 걸쳐서 작품을 써 오다가 어떤 계기로 먼저 수필을 발표했다. 수필문학을 먼저 내세우고 그 동안의 작품을 정리하여 수필집을 세 권까지 낸 경력이 있다. 이렇게 오랫동안 문학 공부를 해 오다가

이것을 기반으로 시의 꽃을 피우게 되었다.

그의 시 등단 역사는 얼마 안 되지만 그 속의 깊이가 대단하다. 그가 시단에 등단하면서 뼈아픈 고백을 한 일이 있다.

1975년 어느 가을날 습작한 30여 편의 시를 L시인에게 드렸다. 등단을 꿈꾸며 드렸던 그 작품들은 그의 실수로 인하여 분실된 채 영원히 나에게 돌아오지 않았다.

—2010년 『조선문학』 당선소감에서

이러한 문학의 역사 속에서 김형애 시인의 시 세계는 독특하고 개성적인 표현으로 큰 세계를 이루어 갔다.

2. 알찬 시의 구조와 표현

모든 작품은 주제를 드러내기 위한 수단으로 짜임새가 튼튼해야 한다. 그래야만 잘 읽히고 그 내용을 쉽사리 파악할 수 있다. 그의 작품 가운데서 짧은 시가 많은 것도 이러한 특성 때문이다. 그 중에도 작품이 질적으로 좋고 쉽게 읽히는 것을 굳이 들라면 「빗속의 비가(悲歌)」「음악이 흐르는 오후」「하얀 밤」「기다림」 등이 있다. 이들 작품은 대개 3연~5연으로 되어 있다.

잠 못 이루는 이 밤은
하얀 밤

검은 시간은 흐르지 않고
창백한 모습으로 누워
별빛을 더듬는다

잠 못 이루는 이 밤은
하얀 밤

캄캄한 바다 속에서
숨죽인 채 떠 있는 육체는
빛을 찾는 영혼을 보듬는다

잠 못 이루는 이 밤은
하얀 밤.

—「하얀 밤」 전문

이 작품은 짧은 길이의 작품으로서 그 짜임새도 튼튼하거니와 그것을 위한 표현의 기교도 우수하다. 이 시의 구조와 표현에 대해서 우리 시단의 흐름을 잠깐 살필 필요가 있다. 다 그런 것은 아니지만 대단히 어지럽다. 이러한 현상은 소위 뛰어난 시라고 하여 일간 신문지상에 발표되는 것을 보면 도무지 이해가 안 갈 때가 많다. 이들 이상한 시를 쓰는 사람들은 한결같이 새로운 시를 쓴다고 주장한다. 물론 시는 시대를 따라서 쓰는 생활의 표현이라고 하지만 그 위에 그것을 초월한 시라야 한다.

한국 근대시는 서구의 영향을 받고 발전해 온 것은 사실이다. 1910년대 개화시, 신체시가 그렇고, 1930년대에 와서 소위 현대시라는 것이 그렇다. 1930년대에 와서 서구 모더니즘의 영향이 컸던 것이다. 일제강점기의 큰 전환기를 벗어나서 조국 광복기, 6·25의 어려움을 겪고 난 이후에 오늘 우리 시 나름으로 정상한 길을 왔다. 그럼에도 아직 시의 틀이 덜 잡힌 양 실험시 운운하는 것은 이해가 잘 가지 않는다. 실험시를 운운하기 전에 시의 근본 문제를 따질 필요가 있다.

그것이 시의 기본 틀이다. 시로서 갖춰야 할 본 모습(정통성)이 무엇보다 중요하다. 오늘 우리 시단에 인구가 많아서 그런지 별의별 시가 다 많다. 근본적으로 시로서의 기본이 안 된 시가 판을 치고 있다는 것이다.이런 시의 허점을 여러 가지로 지적할 수 있지만 무엇보다 시의 알찬 수련과정이 문제가 되는 것이다. 이런 시의 풍조에서 이상한 산문체의 시, 이상한 자기 넋두리의 시가 판을 치고 있다. 이러한 어지러운 시의 유에 비해 김형애 시인은 어디까지나 시가 가야 할 본도 순수함을 지키고 있다.

3. 생활에서 가꾼 아름다운 지혜의 시

한 시인의 세계를 더듬자면 그 시인의 성장과정과 생활환경을 더듬지 않으면 안 된다. 김형애 시인은 그의 약력에서 보면 서울에서 태어나고 서울에서 자랐다. 서울에서 생활하고 있는 동안 도시, 지방 치우치지 않고 넓은 인생 생활을 노래하였다.

주룩주룩 까만 하늘은 검은 심장을 쏟는다

어둠 속 새 한 마리
빗물에 흠뻑 젖은 채
나의 창가에 비가(悲歌)를 보낸다

숱한 세월 기다림을
비가(悲歌)로 토(吐)한다

주룩주룩 나의 온몸에 빗줄기가 퍼붓고 있다.

—「빗속의 비가(悲歌)」 전문

삐치 삐치 삐치~~ 삐~
삐치 삐치 삐치~~ 삐~

나목(裸木) 꼭대기에 앉아
낭랑하게 목청을 높여 노래한다
겨울의 끝자락을 가냘픈 몸으로 몰아내고
입에 물고 온 봄을 토(吐)한다

삐치 삐치 삐치~~ 삐~
삐치 삐치 삐치~~ 삐~

정원의 벌거벗은 나무들과 돌들이
쫑긋쫑긋거린다
어딘가에서 불어온 바람 한 자락
그들의 몸을 더듬고 스쳐 간다

작은 산새는 마을로 내려와
봄을 알리고 훌쩍 날아간다, 그의 둥지로

삐치 삐치 삐치~~ 삐~

—「작은 산새가 몰고 온 봄」 전문

위의 두 시 다 그 내용이 소박하고 진실하다. 「빗속의 비가(悲歌)」는 주어진 상황을 그대로 받아들여 좋은 세상을 기다린다는 극기의 시다. 「작은 새가 몰고 온 봄」에서는 있는 사실을 그대로 실감 있게 표현하고 있다. 새봄을 맞아 새 세상을 노래하고 있는 새들의 울음소리 '삐치 삐치 삐치~~ 삐~'가 더욱 정답다.

그의 시 가운데 고뇌와 애상이 깃든 시라 하더라도 그는 끝내 센티멘털로 흐르지 않고 생활의 해답인 밝은 세계로 인도하고 있다. 이런 점을 지향하는 것은 그의 인생관이 긍정적이고 창조적이고 밝기 때문이다. 이것은 그가 닦은 남다른 신앙심 때문이다. 이러한 생활의 시에는 신앙과 더불어 자연의 빛이 어린 시가 많다. 그의 신앙시 「엠마오로 가는 제자처럼」「시므온과 안나처럼」「돌아온 탕자」「새 예루살렘을 향하여」「하나님의 슬픔」「엘림에 머물게 하소서」「당신의 눈망울」 등과 자연 친애의 시 「봄바람」「고도(孤島)」「구름」「수련」「붉은 물살」「별빛 바다」「달빛」 등은 그의 시세계를 풍성하게 하고 있다.

그의 폭넓은 생활 시에서 그의 정신을 맑게 해 주는 요소도 많이 발견할 수 있다.

바람은 나뭇잎과 한들한들

노랑나비 한 쌍
노란 오이꽃 위에서
팔랑팔랑 날갯짓

달콤한 음률은
감나무 그늘 아래로
흘러 넓게 퍼진다

푸른 하늘 아래
진녹색 잔디
한가로운 시간
평화롭게 흘러간다.

—「음악이 흐르는 오후」 전문

잔잔한 호수 위에 살포시 내리는 눈이고 싶어라
고즈넉한 숲 속에 말없이 내리는 눈이고 싶어라
사람들 잠든 어두움 속에 평화롭게 내리는 눈이고 싶어라

뜨거운 사막에서 지쳐 있는 선인장을 위하여
찬 몸으로 내리는 눈이고 싶어라
전쟁터에서 지친 병사가 쉬고 있을 때
그의 귀향을 꿈꾸게 할 수 있는 눈이고 싶어라
선교사가 이방인들의 영혼을 위하여
그의 몸이 쇠하여 갈 때
주님의 긍휼로 내리는 하얀 눈이고 싶어라

—「눈이고 싶어라」 부분

생활의 고달픔, 어려움과는 달리 생활에서 밝음을 추구하고 있는 그의 모습이 잘 드러나고 있다. 위의 「음악이 흐르는 오후」에서 '달콤한 음률은/ 감나무 그늘 아래로/ 흘러 넓게 퍼진다' '푸른 하늘 아래/ 진녹색 잔디/ 한가로운 시간/ 평화롭게 흘러 간다.'와 「눈이고 싶어라」에서 '잔잔한 호수 위에 살포시 내리는 눈이고 싶어라/ 고즈넉한 숲 속에 말 없이 내리는 눈이고 싶어라 / 사람들 잠든 어두움 속에 평화롭게 내리는 눈이고 싶어라'에서 볼 수 있는 것처럼 그의 독특히 느끼는 자연 감촉과 함께 정신생활의 여유로움을 볼 수 있다.

이상으로 김형애 시인의 첫 시집 『詩가 있는 페치카』를 살핀 결과 큰 시세계를 알아내었다.

그의 시세계는 남이 따를 수 없는 알찬 시 형식과 내용을 지니고 있다. 시집 그 이름 그대로 삶에 따스함과 밝음을 주는 고도한

시세계였다.

그런 의미에서 이번에 내는 시집은 근자에 보기 드문 시집으로서 읽는 사람들에게 많은 감동을 줄 것을 확신한다.

(이성교 : 성신여대 교수 역임 · 명예교수 · 문학박사 · 한국기독시인협회장)

김형애 시집_ 詩가 있는 페치카

초판 인쇄 | 2013년 6월 15일
초판 발행 | 2013년 6월 20일

지 은 이 | 김형애
발 행 인 | 정종명
편집국장 | 차윤옥

펴낸곳 | 月刊文學출판부
주소 | 서울시 양천구 목동서로 225 대한민국예술인센터 1017호
전화 | 02-744-8046~7
팩스 | 02-743-5174
이메일 | klwa95@hanmail.net
등록 | 2011년 3월 11일 제2011-000081호
ISBN 978-89-6138-220-5 03810

값 10,000원

저자와 협의해 인지를 생략합니다.
잘못 만들어진 책은 바꾸어 드립니다.